Grübeln stoppen

FREI SEIN VON ÄNGSTEN UND ZWEIFEL MIT DIESEN 13 ÜBUNGEN

Inhaltsverzeichnis

Grübeln kann man im Grunde mit einer Schallplatte vergleichen, die einen Knacks hat und unentwegt das gleiche negative Erlebnis abspielt. In deinem Kopf kreisen bei richtigem Grübeln die Erinnerungen an ein bestimmtes Erlebnis, weil dein Unterbewusstsein versucht, es zu verstehen. Es kann das schlimme Aus einer Beziehung, ein nervenaufreibendes Gespräch oder gar ein in der Zukunft liegendes Ereignis sein, das noch gar nicht eingetreten ist. Das Grübeln unterscheidet sich vom Reflektieren, das eher konstruktive Einsichten erzeugt und zu positiven Veränderungen in deinem Leben führt sowie deinem persönlichen Wachstum beitragen kann.

Das menschliche Gehirn verfügt zweifellos über erstaunliche Fähigkeiten, um Situationen zu analysieren, Probleme zu lösen und auch, um kreativ zu sein. Über vergangene Ereignisse zu grübeln wird auch als verweilende oder nachdenkliche Gedankenzyklen bezeichnet, die mit Depressionen in Zusammenhang stehen. Einer neuen Studie zufolge fällt es Menschen mit Depressionen schwerer, sich von negativen Gedanken zu befreien. Depressionen können es massiv erschweren, wenn nicht gar unmöglich machen, sich auf andere Dinge zu konzentrieren. Sich über bestimmte anstehende Situationen in der Zukunft den Kopf zu zerbrechen, hat hingegen oft mit Ängsten zu tun.

Viele Menschen glauben, dass wenn sie sich niedergeschlagen oder depressiv fühlen, sie versuchen sollten, ihre Konzentration auf ihr Inneres zu verlagern. Dies soll allein der Bewertung ihrer eigenen Gefühle und ihrer Situation dienen. Sie glauben, dass es ihnen zu einer Einsicht oder einem Verständnis verhelfen würde, um Lösungen zu finden, die letztlich ihre Probleme lösen und depressive Symptome lindern könnten. In der Regel führt Grübeln jedoch zu eher noch mehr Grübeln, weil du die Gedanken auf Sorgen fixierst. Infolgedessen entstehen noch mehr interne Monologe in dir, wie "Warum tue ich das immer? Was stimmt nicht mit mir? Werde ich mich jemals auf die Reihe kriegen?". Laut dem integrativen Psychiater Henry Emmons, gibt es in einem gut funktionierenden Gehirn Kommunikationskanäle, die von einem Hirnzentrum ins andere fließen. Je nach Bedarf kann der Kommunikationsaustausch zur Bewahrung des Gleichgewichts beschleunigt oder abgebremst werden. Beim Grübeln ist dieses Gleichgewicht nicht mehr vorhanden und es fließt zu viel Energie von der Hirnrinde (dem Planungs- und

Verarbeitungszentrum) zur Amygdala (dem Kampf- oder Fluchtzentrum). Der Energiefluss findet ohne jegliche Möglichkeit einer Entschleunigung statt, sodass sich im Kopf automatisch immer wieder dieselben beunruhigenden Gedanken abspielen. Dies ruft eine Stressreaktion hervor, die sich durch schnelleren Atem, angespannte Muskeln sowie erhöhten Puls nur noch verstärkt.

Stimmungsstörungen, Depressionen und Ängste sind eigentlich fast immer mit Grübeln verbunden. Noch ist es den Forschern allerdings nicht ganz klar, ob Grübeln Depressionen und Ängste verursacht oder Depressionen und Ängste das Grübeln hervorrufen. Eindeutig ist jedoch, dass depressive Symptome durch längeres Verweilen in negativen Gedanken ausgelöst werden. Grübeln erhält und verstärkt Depressionen, indem negative

Denkmuster gefördert werden und das Nachdenken zur Problemlösung tatsächlich beeinträchtigt wird.

Neben Depressionen und Ängsten haben Grübler ein erhöhtes Risiko, sich ungesunde Bewältigungsmethoden anzugewöhnen, wie z. B. übermäßiges Trinken von Alkohol oder Tablettensucht, sowie selbstverletzende Verhaltensweisen wie beispielsweise „Ritzen". Solcherlei Bewältigungsmethoden dienen lediglich dazu, sich dem überaktiven Denkfluss zu entziehen und den Körper unter Umständen durch Schmerzsignale aufgrund von Selbstverletzungen abrupt auf ein anderes Ereignis zu lenken.

Vorwiegend sind Frauen vom Grübeln betroffen, besonders, wenn sie eher passiv und nachgiebig auf Probleme reagieren, anstatt sich ihnen aktiv anzunehmen. Allerdings kann der grübelnde

Gedankenzyklus selbstverständlich auch aus belastenden Ereignissen im Leben resultieren, wie z. B. psychische Traumata, oder ihn sogar verstärken.

Ganz gleich, aus welchem Grund du zum Grübeln neigst, das Problem ist immer dasselbe: Du bleibst gedanklich an einem bestimmten Ort des Geschehens hängen. Glücklicherweise gibt es jedoch diverse Möglichkeiten, wie du die Kontrolle über deinen Gedankenfluss wiedererlangst.

Kapitel 1: Lerne deine Trigger kennen

Ob positiv oder negativ, wir alle haben Gewohnheiten, die wie Muskeln funktionieren. Je mehr wir sie nutzen, desto stärker werden sie und manchmal stärken wir versehentlich einen Muskel, den wir in dem Umfang gar nicht brauchen. Ein Trigger ist etwas, das ein bestimmtes Verhalten in dir auslöst, wie eben das Grübeln.

In der Regel besteht ein Trigger aus einer Erfahrung, einer Situation oder anderen Stressfaktoren, die eine bestimmte Reaktion in dir auslösen. Das konnte ein bestimmter Ort, eine bestimmte Zeit oder auch eine ganz bestimmte Person sein. Mitunter kann es auch ein Geruch oder ein Wort sein, das wir wahrnehmen und plötzlich in den Grübelwahn führt. Dein Gehirn bildet eine

Assoziation zwischen dem Auslöser und deiner Reaktion, sodass du jedes Mal auf einen bestimmten Auslöser gleich reagierst. Dies liegt daran, dass Neuronen in deinem Gehirn die jeweilige Situation mit-samt deinen Gefühlen und Reaktionen miteinander verbinden und quasi als Standardprogramm im Gehirn abgespeichert werden. Auf die gleiche Weise formt sich die Gewohnheit, aufgrund einer bestimmten Situation ins Grübeln zu kommen. Du könntest es mit einem Raucher vergleichen, der beim Autofahren immer eine Zigarette raucht. Ohne, dass der Raucher wirklich eine Zigarette benötigen würde, hat sich bei ihm Autofahren als Signal eingeschlichen, eine Zigarette zu rauchen. Der Raucher selbst bemerkt es bewusst gar nicht. Es ist schlichtweg am besten mit einem Computerprogramm zu vergleichen, in dem festgehalten ist, wenn A geschieht, resultiert B.

Da unsere Reaktion auf einen Trigger vornehmlich im Unterbewusstsein vor sich geht, du dir entsprechend dieser Reaktion nicht bewusst bist, wird dein Grübeln immer wiederkehren, bis du deine Trigger erkannt hast.

Beispielsweise könntest du dich getriggert fühlen, wenn du eine Gruppe Jugendlicher siehst, die viel Spaß habe und sich prächtig amüsieren. Da du jedoch in der Schule furchtbar gemobbt wurdest, musst du sofort daran denken, wie furchtbar man mit dir umgegangen ist. Du erinnerst dich sofort, wie du eigentlich immer allein auf dem Pausenhof gestanden hast, dies möglichst in der Nähe eines Lehrers, falls dich wieder jemand plötzlich schubst. Natürlich denkst du bei der Erinnerung sofort an alles Weitere, was dir die anderen Kinder in der Schulzeit alles angetan haben. Es ist dir bis heute ein Rätsel, warum es geschah und du versuchst es selbst 20 Jahre später noch zu ergründen.

Hierin besteht deine erste Aufgabe: Reflektiere, was genau dein Grübeln auslöst. Diesen Punkt zu erkennen, ist der erste große Schritt, den Kreislauf des Grübelns in dir zu beenden. Tendierst du dazu, morgens auf dem Weg zur Arbeit zu grübeln? Oder grübelst du eher beim Schlafengehen? Veranlassen dich Beiträge in den sozialen Medien zum Grübeln? In welcher bestimmten Situation verfällst du ins Grübeln – hast du etwas gesehen, das dich an ein vergangenes Ereignis erinnert?

Hast du den Punkt gefunden, versuche deinen Trigger weitestgehend zu vermeiden. Solltest du beispielsweise feststellen, dass dein Trigger Beiträge in sozialen Medien sind, die immer wieder in deinem Newsfeed auftauchen, wäre es ratsam, dich einem "Medien-Detox" zu unterziehen. Erwischt du dich beim Grübeln, nachdem du ein Modemagazin gelesen hast, solltest du solcherlei Magazine einfach vermeiden, um dich nicht unnötig unattraktiver zu fühlen.

Selbstverständlich kannst du dich dem Trigger 'Schlafengehen' schlecht entziehen. Um mit solcherlei Triggern besser umzugehen, gibt es verschiedene Werkzeuge, mit denen du dich für die Situation besser wappnen kannst. Im Verlauf der folgenden Kapitel werde ich dir hierzu noch einige Tipps vorstellen.

KAPITEL 2: WAS IST DEINE GRÖSSTE ANGST?

Sich den Kopf über zukünftige Ereignisse zu zerbrechen, rührt, wie bereits in der Einleitung erwähnt, aus Ängsten. Du kannst deine Ängste jedoch nicht überwinden, ohne ihnen ein Gesicht zu geben und dich ihnen zu stellen. Also frag dich, was konkret deine größte Angst ist. Hast du Angst, dass du deinen Job verlierst? Musst du eine Rede halten und hast du Angst, dich zum Hampelmann zu machen?

Sobald du deine größte Angst notiert hast, hast du zwei Möglichkeiten.

Denk über das Worst-Case-Szenario nach

Auf den ersten Blick mag diese Strategie absolut kontraproduktiv klingen, doch bist du eigentlich immer in der Lage, die schlimmstmögliche Situation zu bewältigen. Indem du dir bewusst machst, dass du es überstehen kannst, entmachtest du deine Angst.

Stelle dir hierzu zwei Fragen:

- Was wäre das Schlimmste, das geschehen könnte?

- Kann ich damit umgehen?

Mit hoher Wahrscheinlichkeit wird deine Antwort auf die letzte Frage mit einem 'Ja' beantwortet werden. Wir Menschen sind ziemlich hartnäckig und widerstandsfähig. Denk daran, dass die größten Herausforderungen sich häufig in unsere besten Wachstumserlebnisse verwandeln. Beispielsweise könntest du am Boden zerstört sein, deinen Job zu verlieren. Obschon es ein furchtbares Erlebnis ist, kann es für dich auch ein Segen sein. Deinen Job verloren zu haben kann dir die Möglichkeit geben etwas zu finden, das besser zu deinen Interessen und deinem Lebensstil passt, sodass du ein erfüllteres Leben führen kannst.

Stelle dir das Best-Case-Szenario vor

Bevor du dich in der Spirale verlierst, was schlimmstenfalls alles geschehen könnte, könntest du auch ganz einfach den Spieß umdrehen und dir lebhaft mithilfe von Visualisierungen vorstellen, was bestenfalls geschehen könnte.

Sobald ein Gedanke oder eine Vorstellung in deinen Kopf kommt und vor deinem inneren Auge ein Film abläuft, halt den Film an. Sag laut, "Stop!". Nun stell dir das komplette Gegenteil vor. Visualisiere, wie selbstbewusst du beispielsweise vor einer versammelten Gruppe stehst. Souverän trägst du einen Beitrag vor und du wirst am Ende begeistert beklatscht. Mal es dir diese Version so detailreich wie möglich aus. Du könntest in deiner Visualisierung ergänzen, wie dir die Menschen freundlich zulächeln. Anstatt ins Stottern zu geraten, kannst du spontan in deiner Visualisierung einen flotten Witz erzählen und das Publikum von deinem Ausrutscher mit herzhaftem Lachen ablenken.

KAPITEL 3: LASSE LOS, WAS DU NICHT KONTROLLIEREN KANNST

Die meisten Dinge, die wir im Leben als negatives Erlebnis verspüren, liegen einfach außerhalb unserer Kontrolle. Gleichzeitig kann Grübeln oft daraus resultieren, dass wir uns zu hohe Ziele oder unrealistische Erwartungen setzen. Wenn du das nächste Mal über ein Problem grübelst, frag dich ganz einfach warum es dich aufreibt. Achte darauf, ob die Wurzel des negativen Gedankens aus gesellschaftlichem Druck oder einer Erwartung, die du dir selbst auferlegt hast, stammt.

Notiere dir zunächst den genauen Grund. Nun kannst du einen Schritt weiter gehen. Frag dich: "Kann ich daran etwas ändern?".

Beispielsweise könntest du Zukunftsängste haben, weil du nicht verheiratet bist oder keinen Partner hast. Natürlich kannst du dich ins Gemenge stürzen und dir auf Teufel komm raus einen Partner suchen, nur ist das in der Regel nicht die allerbeste Herangehensweise. Je verzweifelter du auf Biegen und Brechen nach etwas suchst, desto unwahrscheinlicher wird dein Erfolg. Frage dich lieber selbst, ob du selbst wirklich Interesse hast, zu heiraten und Kinder zu kriegen, nur weil es jeder andere so macht. Eine gesellschaftliche Norm muss nicht deinem Lebensweg entsprechen. Das Einzige, was zählt, ist, dass du glücklich bist. Das Gleiche gilt, wenn du der Auffassung bist, eine zu große Nase zu haben. Man kann das mit Sicherheit operieren, doch möchtest du dich wirklich unters Messer begeben, weil deine Nase nicht dem aktuellen Modetrend entspricht? Du kannst definitiv nichts daran ändern, wenn dein Partner dich verlässt oder du deinen Job von heute auf morgen verlierst. Du kannst es ebenso wenig ändern, wenn es draußen regnet, als du gerade einen zauberhaften Spaziergang im Wald machen wolltest.

Wichtiger ist es jedoch, zu realisieren, dass du nichts an der Vergangenheit ändern kannst. Es ist geschehen. Selbst wenn du dich heute immer wieder fragst, was du hättest anders machen können, es ändert nichts daran, dass es dennoch geschehen ist. Entsprechend ist der Gedanke in deiner Grübelei nichts weiter als ein Rätsel, das du weder lösen kannst, noch sollst.

Sofern es jedoch etwas gibt, das du ändern kannst, erstelle hierzu eine separate Liste mit Möglichkeiten, was du dagegen tun kannst.

- Ich bin übergewichtig -> Ich mache Sport und ernähre mich gesünder

- Ich bin mit meinem Arbeitsplatz nicht zufrieden -> Ich begebe mich aktiv auf Stellensuche

- Ich bin nicht glücklich in meiner Beziehung -> Ich beende die Beziehung

Dies sind lediglich ein paar Beispiele. Selbstverständlich sollten deine Lösungsansätze realisierbar sein. Nicht zu realisieren wäre beispielsweise, wenn du dich in deinem Land unwohl fühlst, jedoch kein Geld hast, um auszuwandern. Sofern es keine Möglichkeiten gibt, an das notwendige Kleingeld zu kommen ohne eine Bank auszurauben, ist es eben, was es ist.

Genau darum geht es, wenn du das loslässt, was du nicht ändern kannst. Akzeptanz dessen, was jetzt gerade ist. Es mag sich leichter anhören, als es ist. Doch wenn du etwas nicht ändern kannst, lohnt es sich nicht, dir darüber den Kopf zu zerbrechen. Es raubt dir wertvolle Energie, die du auf wichtigere Dinge in deinem Leben anwenden kannst. Sobald ein Gedanke in deinen Kopf kommt, dessen Ursache du nicht lösen kannst, entgegne dir selbst: "Es ist OK, es zu akzeptieren.". Mit ein wenig Übung wird jener Gedanke nicht mehr zu einer zermürbenden Achterbahnfahrt in deinem Kopf auftauchen. Ähnliche Gedankenzüge verschwinden schneller von selbst.

Kapitel 4: Ablenkung

Indem du dich ablenkst, nimmst du deinen Gedanken Zeit und Raum. Jeder Mensch kann sich lediglich auf einen Gedanken konzentrieren und nicht auf zwei verschiedene zur gleichen Zeit.

Beschäftige deinen Kopf mit etwas, das dir Spaß macht und was dich auf völlig andere Gedanken bringt. Dies könnte alles Mögliche sein:

- lies ein Buch

- schaue einen Film, der dich komplett in seinen Bann zieht oder Comedysketche

- mache ein Kreuzworträtsel

- spiel ein Spiel

- singe ein Lied

- male ein Bild

- spiel ein Instrument

- tanze zu deinem Lieblingslied, das du laut
  mitsingen kannst

Du könntest hierzu auch einfach einen Freund oder eine Freundin anrufen. Grübeln kann in dir leicht den Eindruck erwecken, dass du ganz allein bist. Du bist allerdings nicht allein. Teile deinem Freund oder deiner Freundin mit, was dir im Kopf herumschwirrt, solange er oder sie nicht selbst zum Grübeln neigt. Ein guter Freund ist allerdings auch immer perfekt für eine Ablenkung. Und wenn es nur der neueste Klatsch und Tratsch ist, den er oder sie auf Lager hat und dich damit ablenken kann. Hauptsache ist, dass du auf völlig andere Gedanken kommen kannst und bestenfalls vielleicht sogar lachen kannst.

Da Grübeln immer auf negativen Gedanken basiert, kann das Negative sehr leicht durch

Spaß und Lachen unterbrochen werden. Je gegensätzlicher deine Ablenkung zu deinen negativen Gedanken ist, umso besser. Lachen schüttet Endorphine (Glückshormone) aus und diese wirken auf natürliche Weise wie ein Antidepressivum.

Glückshormone schüttet dein Körper allerdings auch bei Sport aus. Gleichzeitig reduziert dein Körper bei Sport Stresshormone, die andernfalls verstärkt beim Grübeln ausgeschüttet werden. Geh einfach eine Runde laufen, mach ein paar Siteups oder Liegestütze, suche dir im Internet ein Video mit Yoga oder Aerobic-Übungen, die du notfalls in deinem Wohnzimmer machen kannst.

KAPITEL 5: SPRICH MIT DEINEN GEDANKEN

Vielen Menschen hilft es, sich einfach mit ihren Gedanken zu unterhalten. Das hört sich vielleicht ein wenig merkwürdig an, unterbricht allerdings auch den ewigen Gedankenkreislauf. Möglicherweise gelangst du mit dieser Methode auch zu einer Erkenntnis.

Nehmen wir an, du denkst immer "Michael hat mich verlassen, weil ich ihm nicht gut genug bin". Daraus könntest du ein Selbstgespräch konstruieren, das vielleicht auch das Statement deines Gedankens entkräften kann. Entsprechend könntest du dir darauf antworten:

- "Ich weiß, dass ich mich gedanklich an diesem Punkt wirklich festgefahren habe. Dass ich darüber nachdenke, zeigt allerdings auch, dass ich ihn wirklich geliebt habe. Es stimmt mich traurig, doch immer wieder darüber nachzudenken, führt auch zu keiner Lösung."

- "Ihm bin ich vielleicht nicht genug. Es ist schade, dass er meine wahren Werte nicht erkannt hat und ich kann mich nicht verbiegen, bis ich seinen Vorstellungen genüge. Meine Freunde erkennen, was für ein wertvoller Mensch ich bin."

Im Zuge dieser Strategie könntest du deine negativen Gedanken auch aufschreiben und sie auf ihren Wahrheitsgehalt kontrollieren. Was wir denken, entspricht keineswegs immer der Wahrheit. Dazu könntest du dir eine Tabelle machen. Schreib dir in die Kopfzeile den Gedanken, um den es geht. Darunter notierst du auf einer Seite, was dafür spricht, und auf der anderen Seite, was dagegen spricht. Alternativ könntest du dir notieren, warum genau du immer wieder über eine bestimmte Situation nachdenkst. Schreib auf, was du über diese Situation empfindest. Versuche möglichst, hierbei auch einige positive Gefühle aufzuschreiben, wie "Weil ich ihn/sie liebe" und diese kannst du ebenfalls weiter kommentieren. Zu 'Weil ich ihn/sie liebe" könntest du notieren, dass es selbstverständlich ist, sich bei einem Schlussstrich verletzt zu fühlen und es in Ordnung ist, traurig zu sein.

Je mehr du in einer Konversation mit dir selbst bestimmte negative Gedanken neu auf etwas Positives ausrichten kannst, desto mehr nährst du eine liebevollere Umgangsart mit dir selbst. Dies wiederum erstickt Grübeln im Keim, das häufig aus Gefühlen der Angst, Scham oder der Unangemessenheit resultiert. Sich selbst mehr Liebe entgegenzubringen ist sozusagen das Gegengift von Unsicherheiten

und kann den Knoten von negativen
Gedanken auflösen.

KAPITEL 6: GRÜBELE MIT MEHR STRATEGIE

Deine Gedanken zu zähmen bedeutet nicht, sie ganz zu verbannen. Wenn du lernst, mit deinen Sorgen strategisch umzugehen, anstatt verzweifelt vor ihnen wegzulaufen, entziehst du ihnen sogar viel von ihrer Macht.

Fang damit ein, ein bestimmtes Zeitfenster für das Grübeln einzuplanen, idealerweise eher mittags als vor dem Schlafengehen. Sofern du feststellst, dass Sorgen außerhalb der von dir festgelegten Zeit auftreten, erinnere dich behutsam daran, dass du später dazu kommen wirst.

Während des Grübelns kommt allzu gerne immer die Frage in uns auf, 'Was wäre, wenn". Sie kann uns bei positiven Gedanken dazu verhelfen, wahre Traumschlösser zu bauen, aber auch neue Ziele zu setzen. Beim Grübeln hingegen richtet diese Frage mehr Schaden als Nutzen an. Übe, während deines Grübel-Zeitfensters, das "Was wäre wenn" in ein "Wenn-dann" zu verwandeln. Hierdurch erarbeitest du dir im Vorhinein eine Plan-B-Strategie, wenn gewisse Dinge schieflaufen.

- Was ist, wenn mein Kind krank wird? Wenn mein Kind krank wird, dann werde ich mit meiner Arbeitgeberin darüber sprechen, von zu Hause aus zu arbeiten oder meine Arbeitszeiten anzupassen, bis es ihr besser geht.

- Was ist, wenn im Lockdown plötzlich alle Geschäfte zu haben? Wenn plötzlich alle Geschäfte schließen sollten, bin ich vorbereitet, weil ich mir immer gerne einen kleinen Lebensmittelvorrat im Keller aufbewahre.

- Was ist, wenn ich meinen Arbeitsplatz verliere? Falls ich meinen Arbeitsplatz verlieren sollte, sehe ich mich um, ob ich eine bessere Stelle finde, die besser zu meinem Lebensstil und meinen Fähigkeiten passt.

Eine andere Strategie besteht darin, die besten, schlechtesten und wahrscheinlichsten Ergebnisse einer bestimmten Situation zu ermitteln. Dies verleiht deinen nachdenklichen Gedanken eine große Dosis Realismus und Perspektive. Zudem bist du für jeden möglichen Fall im Vorhinein gewappnet.

Kapitel 7: Übe dich in Achtsamkeit

Leider verschwenden wir Menschen sehr viel Zeit mit Gedanken zu vergangenen oder zukünftigen Ereignissen, sodass wir viel zu wenig dort sind, wo wir eigentlich sind: im Jetzt. Ein hervorragendes Beispiel hierfür ist, wie wir dazu tendieren können, mehr oder minder im Autopilot-Modus autozufahren. Wir fahren das Auto zwar automatisch, nehmen bewusst aber nicht wahr, was wir eigentlich gerade wirklich sehen oder hören.

Die Praxis der Achtsamkeit gehört grob genommen zu einer der zahlreichen Meditationsarten, die deine aktuellen Gedanken reduzieren und gleichzeitig deine Sinne im Hier und Jetzt bewusst aktivieren.

Sobald in dir ein Gedanke aufkommt, der droht, wieder einen Gedankenkreislauf auf

Wiederholtaste abzuspielen, versuche dich darauf zu konzentrieren, was du jetzt gerade riechst, siehst, hörst oder gar schmeckst. Es könnte hilfreich sein, hierzu in deiner Wohnung in einen anderen Raum zu gehen und einfach aus dem Fenster zu blicken. Kannst du im Nachthimmel die Sterne und den Mond bewundern? Siehst du vor deinem Fenster einen Vogel auf einem Ast sitzen und hörst du ihn fröhlich zwitschern? Geh in den Garten und pflanze Basilikum mit deinen nackten Händen ein. Wie fühlt sich die Erde an deinen Fingern an? Wie fühlt sich die Pflanze selbst an und wie duftet sie? Siehst du eine wunderschöne Blume? Riech an ihr. Wie fühlt sich das Gemüse in deinen Händen an, das du zu einem leckeren Abendessen verarbeitest? Mach einen Spaziergang und achte genau darauf, was du in deiner Umgebung hörst. Nimmst du etwas anderes als nur Autogeräusche wahr?

Achtsamkeit hat zum Ziel, dich im jetzigen Augenblick zu erden – oder auch deine Füße wieder auf den Boden zu holen, wenn dein Kopf ganz woanders herumfliegt. Sie ist eine wichtige Fähigkeit, die dir hilft, die wirklich bedeutsamen Momente deines Lebens zu genießen. Du kannst die Achtsamkeit in jeder Situation einsetzen, um dich wieder in die Gegenwart holen. Selbst wenn du gemütlich zu einem Kaffee mit einem Freund oder einer Freundin zusammensitzt, kann der wundervolle Moment von wandernden Gedanken unterbrochen werden. Plötzlich denkst du darüber nach, was du noch alles zu tun hast. Sobald du merkst, dass deine Gedanken abwandern, leite sie sanft wieder auf den Augenblick zurück. Halte dir die Tasse Kaffee an die Nase und nimm wahr, wie der Kaffee duftet. Schau deinem Gegenüber genau an und höre, was er dir mitteilt.

KAPITEL 8: LASSE DEINEN ATEM ZUR RUHE KOMMEN

Manchmal denken wir uns wortwörtlich in eine Panik hinein. Wenn dein Atem kurz wird, dein Herz schneller zu schlagen beginnt oder dir sogar schwindlig wird, hat dein Körper wahrscheinlich seine Stressreaktion aktiviert. Sobald die Stressreaktion aktiviert ist, setzt die reaktive Amygdala deinen rationalen präfrontalen Kortex außer Kraft, sodass es aussichtslos bleibt, sich einen Ausweg aus einer Situation zu überlegen.

Deaktiviere stattdessen dein sympathisches Nervensystem, indem du die Elemente deiner Körperprozesse, die du kontrollieren kannst, wie z.B. deinen Atem und deine Muskeln, veränderst. Leider vergessen wir gerne, dass wir immer die Kontrolle über unseren Atem haben, weil er völlig automatisch geschieht.

Setze dich für einen Moment in Ruhe hin und bitte darum, dass dich niemand stört. Lege eine Hand auf deinen Bauch und spüre, wie er sich beim langsamen und tiefen Einatmen hebt. Dieser Punkt ist wichtig, um sicherzustellen, dass dein Atem aus dem Zwerchfell und nicht aus dem Brustkorb kommt. Im Alltag vergessen wir häufig die richtige Atmung und atmen lediglich aus dem obersten Drittel unsere Lunge. Die richtige Atmung ist jedoch tief und durchaus sichtbar, wenn sie aus dem Zwerchfell kommt. Durch die tiefe Atmung wird zudem eine bessere Sauerstoffversorgung deines Körpers gewährleistet und Toxine, die sich im unteren Teil der Lunge befinden können, werden besser ausgeatmet. Atme zunächst zehnmal tief ein und ganz langsam wieder aus.

Schüttele nun sanft deine Arme und Beine, roll deinen Kopf von einer Seite zur anderen. Ziehe sämtliche Muskeln zusammen und entspanne sie wieder.

Sobald du bemerkst, dass deiner Körper sich wieder beruhigt, versuche, dich selbst sanft zu umarmen oder eine Hand über dein Herz zu legen. Diese selbst beruhigenden Gesten können ein physiologisches Heilmittel gegen das Grübeln sein, weil sie beruhigendes Oxytocin freisetzen und die Produktion von Stresshormonen reduzieren. Sie dienen auch dazu, uns wieder mit unserem Körper und unserem Atem zu verbinden. Selbstfürsorge kann ein schönes – und sehr wirksames – Gegenmittel gegen Grübeln sein.

Kapitel 9: Probiere zu Meditieren

Meditation ist eine jahrtausendealte Praxis, um Körper, Geist und Seele ins Gleichgewicht zu bringen. Es gibt bei der Meditation verschiedene Techniken, doch haben sie allesamt etwas gemeinsam: Sie beruhigen und erfrischen deinen Geist. Es ist beinahe einerlei, für welche Form der Meditation du dich entscheidest, das Grundprinzip ist in erster Linie, sich auf den eigenen Atem zu konzentrieren. Streng genommen zählt sogar Beten oder auch Rosenkranzbeten zu den Meditationsformen, obschon du dich dabei zwar weniger bewusst auf deinen Atem, jedoch deine Konzentration auf einen bestimmten Prozess lenkst.

Im Grunde ist Meditation sehr einfach:

1. Setze oder lege dich bequem hin, sodass
   du ein paar Minuten ungestört in der
   Position verbleiben kannst.

2. Richte deine Augen auf einen bestimmten
   Punkt, wie ein Bild, oder schließe sie. Am
   besten ist es, wenn du deine Augen
   schließen kannst, um möglichst nicht von
   der Außenwelt durch etwas abgelenkt zu
   werden.

3. Richte deine volle Aufmerksamkeit nun
   auf deine Nasenspitze. Beobachte einfach,
   wie du durch deine Nase einatmest und
   wieder ausatmest. Je länger du dies
   aufrechterhalten kannst, desto mehr wird
   sich dein Atem auf natürliche Weise
   verlangsamen sowie dein sympathisches
   Nervensystem sich beruhigen.

4. Sobald dir ein Gedanke in den Kopf kommt,
   beobachte ihn lediglich, als sei er ein
   vorbeiziehendes Auto. Versuche möglichst

nicht auf den Gedanken zu reagieren oder dich mit ihm zu engagieren. Richte deine Aufmerksamkeit einfach wieder auf deine Nasenspitze und spüre, wie du gemütlich ein- und wieder ausatmest.

5. Ziel der Meditation ist, deinen Kopf, beziehungsweise deine Gedanken, zu leeren. Es ist ein wenig anspruchsvoll, doch mit etwas Übung erlangst du den Zustand, nichts mehr zu denken. Das Einzige, was du wahrnimmst, ist dein Atem. Wirst du abgelenkt, richte deine Aufmerksamkeit erneut auf deine Nasenspitze.

6. Nach etwa zehn Minuten – oder wann du bereit bist – öffne deine Augen langsam wieder und freu dich über die Ruhe, die in deinem Kopf eingekehrt ist.

Sollte dir Meditation absolut schwerfallen und es dir nicht möglich sein, probiere ein

Gedicht zu lesen. Sich selbst laut ein Gedicht vorzulesen hat einen ähnlich meditativen Effekt, bei dem sich dein Kopf beruhigt. Es ist unmöglich, ein Gedicht schnell zu lesen, das wirst du bei dieser Übung schnell bemerken. Jedes Gedicht hat einen Rhythmus, an den sich dein Atem sowie dein Herzschlag automatisch anpassen.

SCHLUSSWORT

Wenn du dich dazu entschieden hast, mit dem Grübeln aufzuhören und dich darauf zu konzentrieren, diese Gewohnheit durch positive Denkmuster zu ersetzen, kannst du dich auf viele physische und psychische Vorteile gefasst machen. Die Überwindung des Grübelns wird dich von ungesunden und unproduktiven Gedanken befreien und sich positiv auf dein allgemeines Wohlbefinden auswirken.

Genau wie das Grübeln verstärken sich Depressionen, Angstzustände und andere destruktive Verhaltensweisen gegenseitig. Sobald du aus diesem Kreis ausbrichst, kann das Vertrauen in dich selbst und in deine Fähigkeit, die Zügel deines eigenen Lebens in die Hand zu nehmen, gestärkt werden.

Solltest du trotz meiner zahlreichen Strategien einfach nicht aus dem Grübeln kommen, könnte es empfehlenswert sein, dir einen versierten Therapeuten zu suchen. Manchmal ist eine Herausforderung einfach zu groß, um sie ganz allein zu meistern. Ein Therapeut kann dich zu effektiveren Bewältigungsmethoden anleiten sowie die Ursachen deiner Grübeleien systematisch sowie strategisch mit dir bearbeiten, um sie zu überwinden. Für deine individuellen Bedürfnisse kann sogar ein spezieller Behandlungsplan erarbeitet werden. Kognitive Verhaltenstherapie (CBT) wird oft zur Beseitigung von Grübeleien angewendet. Diese Therapieform verwendet Denktechniken, um dich darin zu unterstützen, deine Gedankenmuster zu verändern. Es gibt jedoch noch viele weitere Therapieformen, um andere tieferliegende Probleme mit dir bearbeiten, die deine Grübeleien verschlimmern oder es erschweren, dich von ihnen überhaupt zu befreien.

Interessanterweise befinden sich Grübler oft auf einer nicht enden wollenden Suche nach Einsicht (sie stellen Fragen, auf die es selten eine Antwort gibt), aber nur diejenigen, denen es gelingt, sich von dieser Gewohnheit zu lösen, können sich darauf freuen, endlich ein schärferes Bewusstsein und ein besseres Selbstverständnis zu erlangen. Allerdings sind unter Grüblern häufig Perfektionisten vertreten, die sich selbst für jeden kleinen Fehler gedanklich zerfleischen. Weißt du, jeder macht Fehler und ohne einen Fehler zu machen, würden wir nichts lernen. Betrachte Fehler lieber als eine Möglichkeit, etwas Neues zu lernen oder etwas zu verändern. Du bist vielleicht aufgrund des Verkehrs eine halbe Stunde zu spät zu deinem Vorstellungsgespräch gekommen, doch was kannst du daraus lernen? Richtig! Mache dich beim nächsten Mal eine Stunde eher auf den Weg und dann lieber noch einen Spaziergang um den Block, oder genieße einen Kaffee, falls du zu früh da bist.

Mit etwas Mühe, Übung und Unterstützung kannst du die schwere Last des Grübelns, des Überdenkens und der andauernden Sorge überwinden. Du kannst aus einem Teufelskreis der Untätigkeit in eine Position übergehen, in der du deine Gedanken und deine Zukunft unter Kontrolle hast. Wenn du lernen kannst, mit dem Grübeln aufzuhören, dann bist du auf dem Weg zu einer ausgewogeneren Sicht auf deine Vergangenheit, Gegenwart und Zukunft. Denk dran: Was gestern geschehen ist, kannst du nicht mehr verändern. Auch was vor fünf Minuten passierte, kannst du nicht ändern. Was in der Zukunft geschieht, kannst du nicht unbedingt beeinflussen. Das Einzige, was du beeinflussen kannst, ist deine Reaktion. Alles andere in der Zukunft ist schlichtweg ungeschrieben. Du kannst dich mit der Zukunft befassen, sobald sie in der Gegenwart ist. Erinnere dich regelmäßig daran, wie weit du bereits gekommen bist.

Zum Abschluss ist hier noch eine kleine Grundübung, mit der deinen bisherigen Fortschritt überprüfen kannst:

- Identifiziere ein Problem, über das du gewöhnlich nachgrübelst.

- Du erkennst, dass es ist nicht deine Aufgabe ist, zu versuchen, dieses Problem zu lösen.

- Du versuchst nicht, es dir aus dem Kopf zu schlagen oder es zu vergessen.

- Du versuchst auch nicht aktiv, es in deinem Gedächtnis zu behalten.

- Es kann da sein oder nicht da sein; es
  spielt keine Rolle.

Jeder Tag ist ein neuer Anfang. Erwarte keine
grandiosen Veränderungen von einem Tag
auf den anderen. Gehe einen Schritt nach
dem anderen und sei stolz auf jeden
einzelnen, den du geschafft hast, um deine
Grübelei hinter dir zu lassen.

QUELLEN

Tiny Buddha

Everyday Health

Healthline

Dr. Michael J Greenberg

Paul McKenna

Dr. Tracey Marks

Experience Life

Happiness

IMPRESSUM

Text: Copyright © 2020 by Libros Trading Ltd

Business Center

Dubai World Center

P.O. Box 390667

Alle Rechte vorbehalten.

Nachdruck oder Kopieren, auch auszugsweise, ist ohne Erlaubnis des Autors nicht gestattet.

Fotos:

© Tonygers / https://depositphotos.com/2301497/stock-photo-bungee-jumping-07.html

Wichtiger Hinweis:

Die in diesem Buch enthaltenen Informationen dienen ausschließlich informativen Zwecken und dürfen unter keinen Umständen als Ersatz für eine professionelle Beratung oder Behandlung durch ausgebildete und anerkannte Ärzte angesehen werden. Diese beinhalten keinerlei Empfehlungen bezüglich bestimmter Diagnose- oder Therapieverfahren. Die Inhalte dürfen niemals als eine Aufforderung zur Selbstbehandlung oder als Grundlage für Selbstdiagnosen und -medikation verstanden werden. Die Informationen spiegeln lediglich die Meinung des Autors wieder. Der Autor übernimmt für die Art oder Richtigkeit der Inhalte keine Garantie, weder ausdrücklich noch impliziert.

Sollten Inhalte des Buches gegen geltendes Recht verstoßen, dann bittet der Autor um umgehende Benachrichtigung. Die betreffenden Inhalte werden dann umgehend entfernt oder geändert.

Haftung für Links

Das Buch enthält Links zu externen Webseiten Dritter, auf deren Inhalte wir keinen Einfluss haben. Deshalb können wir für diese fremden Inhalte keine Gewähr übernehmen. Für die Inhalte der verlinkten Seiten ist stets der jeweilige Anbieter oder Betreiber der Seiten verantwortlich. Die verlinkten Seiten wurden zum Zeitpunkt der Verlinkung auf mögliche Rechtsverstöße überprüft. Rechtswidrige Inhalte waren zum Zeitpunkt der Verlinkung nicht erkennbar. Eine permanente inhaltliche Kontrolle der verlinkten Seiten ist jedoch ohne konkrete

Anhaltspunkte einer Rechtsverletzung nicht zumutbar. Bei Bekanntwerden von Rechtsverletzungen werden wir derartige Links umgehend entfernen.